Creativity

ON & OFF

창의성의 시작

김선진 지음
정은서 그림
최인수 감수

A Creative

Journey

for Everyone

박영story

추천사

김정운(문화심리학자 / 『창조적 시선』, 『에디톨로지』 저자)

흔히 창조적 능력은 타고나는 것이라고들 생각한다. 레오나르도 다빈치나 스티브 잡스 같은 이들만 예로 들며 창조적인 사람이라고 한다. 틀렸다!

창조적 사건들은 일상에 널려 있다. 경탄과 놀람을 포함하지 않는 하루는 없다. 누구나 창조성을 발휘할 수 있다는 것이다. 이 책은 바로 그 날것의 창조적 경험들을 주목하게 한다. 이 경험과 감각들을 자신만의 시각으로 교차 편집해 보자.

서은국(연세대 심리학과 교수, 『행복의 기원』 저자)

행복은 불행하지 않으면 생기는 것이 아니라 적극적으로 찾아야 하는 것인데, 창의성도 이와 같다. 창의성은 내 안의 숨겨진 잠재력을 다양한 세상 경험에 노출시키며 발견하고 개발하는 것이다. 그 과정에서 겪게 되는 시작과 멈춤, 채움과 비움 같은 양극의 경험을 조화롭게 다스리고 창의성을 찾아가는 길을 이 책이 제시한다.

서문

일상 속에서 창의성은 우리와 늘 함께 숨 쉬고 있지만 우리는 그 존재와 소중함을 깨닫지 못하기도 한다. 그러나 우리는 모두 각자의 고유한 창의적 잠재력을 지녔다. 이것을 발현하면 삶이 풍요해진다.

창의성의 대가 미하이 칙센트미하이(Mihaly Csikszentmihalyi)는 창의적인 사람의 특성이 복합성(complexity)을 지니는 것이라고 하였다. 내향적이면서도 필요에 따라서는 외향성을 지향하기도 한다는 말이다. 동양에서도 이와 유사한 개념으로 태극이라는 말이 있다. 우주 만물이 음양과 같은 대립적 속성의 조화에 의해서 발전해 나간다는 뜻이다. 이 책은 처음부터 이러한 복합성 또는 태극과 그 궤를 같이한다. 이 책을 읽음으로써 여러분은 창의성을 찾기 위한 순례길에 동참한 것이다.

그 길에는 오르막과 내리막을 가지고 있는 산도 있다. 험난한 산을 오를 땐 극한의 고통을 경험하지만 정상에 도달하면 그만큼의 희열과 보람을 맛볼 수 있다. 거대하고 높은 산봉우리를 오르면 정복이라는 말보다는 자연에 대한 경외감과 대자연 앞에 왜소해지는 나를 느끼기도 한다.

진정한 자신을 찾기 위한 여행에서도 나를 찾고자 하는 진심과 이를 마주할 수 있을까라는 두려움이 동시에 존재한다.

으슥한 산길을 걸으며 "왜 이 길을 선택했을까?", "어디로 가야 할까?"라며 던져지는 끊임없는 물음표는 우리네 삶과 같다. 또 최고의 길을 선택했다는 자만보다 나만의 선택으로 내 길을 만들어 가고 있다는 자부심은 큰 느낌표를 선사한다.

상상의 날개가 생겨서 순례의 길이 하늘로 이어질 수도 있다. 한참 떨어져 있는 무리에 다가가기 위해서는 날갯짓에 흠뻑 빠져들어야 한다. 그들과 함께 날게 됐다면 바람을 타며 고단함으로부터 벗어날 수도 있다. 내 옆으로 모여드는 먹구름은 변화의 시작을 알리고 이를 피해 구름 위로 올라간 곳에는 모든 것이 멈춘 듯 파란 창공만이 편안히 펼쳐져 있다.

일상에서 보는 성당은 편안함을 주지만 하늘의 빛으로 매 순간 달라지는 성당은 모네의 상상력에 꺼지지 않는 불씨를 던져준다.

하늘의 공간은 채움과 비움을 동시에 품고 있다는 사실도 발견할 것이다. 별들을 채운 밤하늘은 여백의 검은 공간으로 인해서 더욱 빛난다.

순례길은 익숙함과 낯섦을 동시에 보여주는 바다로도 이어진다. 파도 소리는 친숙하다. 그러나 태초 이래 한 번도 똑같은 적이 없었을 파도의 모양새는 늘 낯설다. 모든 감각이 살아있는 듯한 산호초와 열대어들 그러나 모든 빛과 소리를 잡아먹은 듯한 심해의 무감각은 우리에게 공포를 준다. 쏜살같이 발목을 채워오는 빠른 밀물은 흐름이 멈춰 있는 듯한 망망대해와 같은 물이라고 믿기 어렵다.

창의성으로 가는 길에는 첩경이 없다. 그래서 치열한 노력만큼 쉬어 가는 여유도 필요하다. 이 책을 한꺼번에 읽으려고 하지 말자. 다만 가까운 곳에 두고 손때를 묻히고 눈도장을 찍자. 어떤 날은 그림만, 어떤 날은 목차만, 마음 가는 만큼만 같이하자.

목차에서 제시된 활동들을 가벼운 듯 진지하게, 순식간에 또는 긴 호흡으로 그때의 느낌에 따라 자유롭게 시도해 보자. 상황과 맥락, 접근방식에 따라 전혀 다른 창의적 산물이 탄생할 것이다. 때론 모자이크의 조각처럼 초라해 보이지만 뭉치면 기대 이상의 그림이 나올 것이다. 멀리서 오래 보아야 알 수 있는 창의성의 큰 그림을.

필자는 집필 과정에서 창조성과 진정한 성장의 여정을 동시에 가지고 싶다는 바람을 갖게 되었다. 이 책을 선택해 주신 독자들도 그러할 것이다.

책의 글과 그림에 대한 생각을 나누어 주신 멘토 최인수 교수님께 진심으로 감사드린다.

전민배 미카엘 신부님과 성당 분들은 항상 마음의 평안을 주셨다. 글 속의 생각을 그림으로 만들어 준 정은서 님께도 고마운 마음이 크다.

시작이 이미 반이다. 창의성의 여정으로!

Contents

01

오름(ON)과
내림(OFF)

실패와 성공의 물결 위를 묵묵히 거닐다.

창조적 성장에는 나의 잠재력이 터지는 오름과

숨어서 동면하는 내림이 동시에 존재한다.

창조적 성장은 자연의 사계절과도 같다.

푸릇푸릇한 잎사귀, 눈부신 꽃, 울긋불긋한 단풍.

그리고 이런 아름다운 순환을 차곡차곡 준비하는 겨울도 함께 있다.

겨울에는 활기찬 움직임이 없는 듯하지만

눈바람 부는 얼음장 밑에도 유유히 흐르는 개울이 있듯이,

되돌아봄과 내다봄의 반복 속에

또 다시 멋진 봄, 여름, 가을을 준비한다.

자연의 흐름에 빗대어 나의 창조적 성공과 실패를 살펴보자.

내 주변 가까이 있는 나무나 화분을

일정한 간격으로 관찰하여 기록해 보자.

흩날리는 초록 이파리들

나무의 변화를 살펴보며

나의 성공과 실패의 여정들을 되돌아보자.

뭉게뭉게 피어오르는
초록 아이디어들

평가받지 못하고
사라졌던 아이디어들

다음으로 머무름 과 꿈틀거림 에 대해서 생각해 보자.

누가 창조적 성장을 이룰 가능성이 높은가를 가늠하기는 어렵지 않다.

두 사람의 차이점은 극명하게 나타난다.

둘 중 누가 창조적 성장에 다가설 가능성이 높은가?

꿈틀거림 이 창조적 성장을 가져오는 이유는 무엇일까?

첫째, 성취하고자 하는 구체적인
목표와 이를 이루고자 하는 자신에
대한 높은 기대감을 가지고 있다.

둘째, 스트레스를 오히려 도전심을 발동시키는
기회로 여기고 탄력적으로 생각한다.

셋째, 실패의 원인을 체계적으로 파악한다.
꿈틀거리는 사람은 이러한 과정을 통해
성공 경험이든 실패 경험이든 긍정적 요소들
을 끄집어내서, 다음 기회를 위해
재구성(Positive reframing)한다.

목표를 이루지 못하고 비틀거리고 넘어지는 순간, 그래서 움츠러들 때,
나의 존재 목적이 더욱 선명해지는 것을 느낄 때가 있다.

목표와 목적을 위한 행동은 어쨌든 나의 선택이었으므로.

실패를 자신을 알 수 있는 기회라고 생각하는 것이 중요하다.

자신의 강점과 약점을 파악하고 한 단계 더 높은 도약을 위해 준비하자.

인생을 끊임 없는 배움과 성장의 과정이라고 생각하는
캐롤 드웩(Carol Dweck)의 '성장 마인드셋(Growth mindset)'으로
마음을 무장하자.

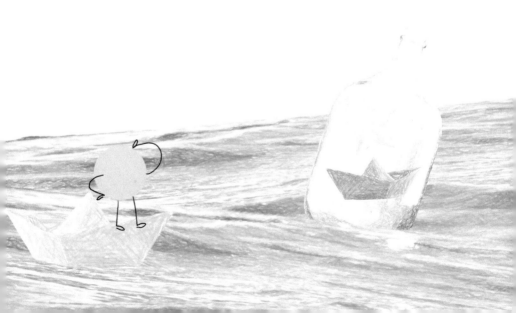

내가 원하는 방향으로 상황이 진행되지 않는다면,

오히려 이것이 나의 아이디어와 방법의 적절성을 평가하는

리트머스 종이라고 생각해 보자.

무섭게 달리던 차를 잠시 멈추고

제삼자가 되어 객관적으로 상황을 분석하여

건설적인 아이디어를 찾아보자.

실패를 대하는 한 가지 방법을 연습해 보자.

먼저 떳떳하게 실패를 직면하고 그 원인을 찾는 것이다.

실패에 대해서 사물이나 동식물의 특성과 연결해 보자.

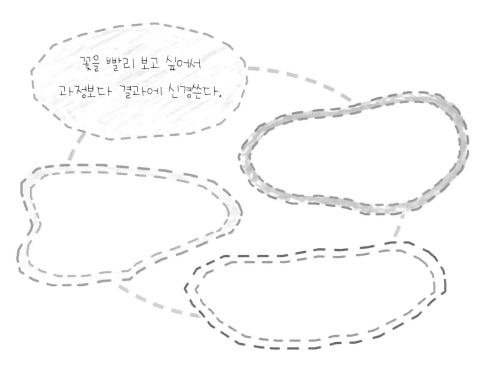

꽃을 빨리 보고 싶어서
과정보다 결과에 신경쓴다.

그 다음에는 이 연결된 실패 원인들을

창조 과정을 구성하는 동사로 바꿔보는 것이다.

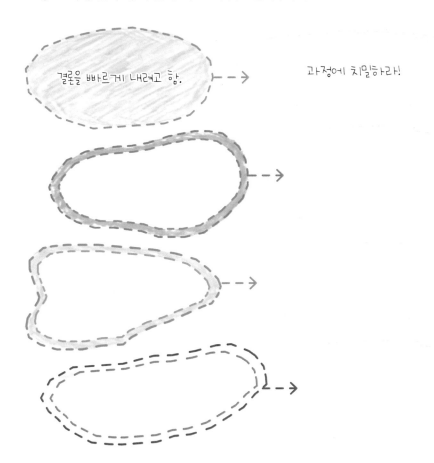

결론을 빠르게 내려고 함.

과정에 치밀하라!

여러분만의 고귀한 실패를 오스틴 클레온(Austin Kleon)이
주장한 창조적 동사로 전환해야만 한다.

하나하나의 창조 과정 동사들은
본인이 미처 깨닫지 못했던 과정,
남들이 보지 못하는 기회를 발견하게 한다.
이러한 발견의 기쁨과 흥분은
뜨거운 마음과 자신감을 더해 주어
어느덧 성공의 문턱에 다다르게 한다.

창조적 성장을 위한 여정에서 누구도 피할 수 없는 고난과 어려움을

성장과 성공의 지렛대로 반전시킬 수 있는 힘과 방법만이

그 목표에 조금 더 가까워지게 한다.

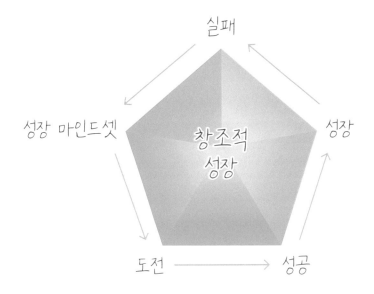

실패(내림, OFF)는 성공(오름, ON)의 지름길이다.

진심(ON)과
두려움(OFF)

진정한 자아를 발견하다.

창의성의 시작은 나에 대한 관심이고

끝은 새로운 나를 창조해 나가는 것이다.

장 폴 사르트르(Jean Paul Sartre)는
모든 사물의 존재(essential)는 실존(existence)에 앞선다고 하였다.

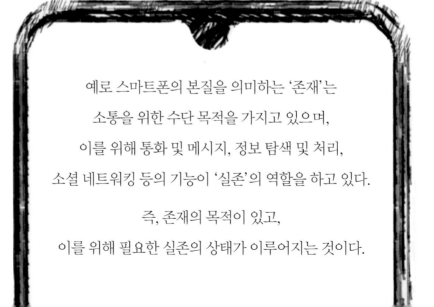

예로 스마트폰의 본질을 의미하는 '존재'는
소통을 위한 수단 목적을 가지고 있으며,
이를 위해 통화 및 메시지, 정보 탐색 및 처리,
소셜 네트워킹 등의 기능이 '실존'의 역할을 하고 있다.

즉, 존재의 목적이 있고,
이를 위해 필요한 실존의 상태가 이루어지는 것이다.

하지만 인간은 목적을 모르는 채로 태어나서

평생 자신의 본질에 대해서 고뇌하며

삶의 목적과 의미를 찾아가야 하는 존재이다.

그렇기 때문에 나를 제대로 보고 알아야 한다.

진정한 자아를 이해하기 위해서는

용기, 호기심, 솔직함, 몰입 등의 마음가짐이 필요하다.

물론 여러분이 더 추가하고 싶은 마음가짐 재료들이 있으면

마음껏 변경해도 된다.

우리는 자기 이해를 통해 스스로 삶의 방향성을
끊임없이 창조해 나가야 한다.

나를 둘러싼 것에 대해서
설레는 마음으로 두려움 없이 열어 놓고,
나만의 생각과 관점을 채우고 솎아 내면서
자아를 확장시키자.

이처럼 온전하고 창조적인 자아는
성장에 대한 진심과 낯섦에 대한 두려움 간의
만남과 이별로 형성된다.

자신의 흔적들이 고스란히 남아있는
메모, 일기, 일정표, 사진, 동영상을 들여다보자.

지나간 것들 속에서
나를 파악할 수 있는 실마리나,
새로운 나를 탐색할 수 있는
트리거나 단서를 맞이할 수 있다.

그리고 당신의 관심, 원동력, 장애물, 리츄얼에 관한
질문들로 더 깊게 파헤쳐 보자.

우리가 살면서 내 마음대로 되는 것은 많지 않다.

그러나 딱 한 가지!

시간만큼은 남들과 동일하게 주어진다.
그리고 이 시간은 나의 선택과 결정으로 채워갈 수 있다.

그러면 내가 하루를 어떻게 보내는지 살펴보자.

그 하루하루는 내가 추구하는 삶의 방식이기도 하다.

디자이너 아담 세비지(Adam Savage)는
하루에 할 일을 적은 리스트가
'삶의 목적을 모아놓은 컬렉션'이라고 했다.

우리도 하루에 하고 싶은 것, 하지 말아야 할 것,
배우고 싶은 것과 같은 목록을 적어 보자.

그리고 당신이 하루 동안 지낸 결과들을
소중하게 간직할 수도 있고,
폐기할 수도 있고,
재활용 쓰레기로 분류할 수도 있다.

하지말아야
할 것

하고
싶은 것

배우고 싶은 것

이 과정에서 버려진 것들을 아쉬워하지 말자!

이 모든 것들은 나중에 얼마든지

아름다운 변형이 일어날 수 있는

조각들이다.

나 자신에 대해서 모르는 것은 당연하며,

나를 찾아가는 과정 또한 쉽지 않다.

나는 어느 한 범주에 속하지 않기에

하나의 단어로 섣불리 명명할 수 없다.

나에게 밑줄을 그어 보면서

천천히 나를 바라보자.

나와 관련된 무엇이든지

하루에 조금씩이라도 긁적여 보자.

그 글 속에서 밑줄을 그어 보자.

첫 번째 밑줄은

내가 나를 잘 파악하고 있는 것에 긋고,

두 번째 밑줄은

나 자신에 대해서 모르거나 미지수인 것에 긋고,

세 번째 밑줄은

나 자신에 대해서 새롭게 알게 된 것에 긋자.

그리고 나의 이야기에

귀 기울여 줄 수 있는 사람에게 나의 글을 읽어 주자.

나의 이야기를 진솔하게 펼쳐 보자.

글쓰기와 생각하기는 상호작용한다.

글을 쓸 때 생각하고, 생각한 것을 글로 쓴다.

나에 대해서 글을 쓴다는 것은

나를 성찰하는 순간들을 기록하는 셈이다.

글 속에서 나의 다양한 모습에 밑줄 긋다 보면

차곡차곡 쌓여 있었던 여러분의 고유한 내면이 발견되면서

동시에 타인과 세상을 더 잘 이해할 수 있게 된다.

그런데, 나에 대해서 생각하고
글로 표현하는 것이 힘들 수 있다.

생각과 글쓰기 과정에서
자연스럽게 수면 위로 떠오르는
나의 갈등과 문제점을 직시함으로써
부정적 감정을 느끼기 때문이다.

여기서 우리는 한 걸음 깊이 들어가서
변화를 만들 수 있는 용기를 가지고
나의 삶을 진화시켜야 한다.

인간에게는 나의 이야기를 누군가에게
들려주고 싶은 욕구가 있다.

나의 삶을 존중해 주고
응원해 줄 수 있는 사람에게
나의 글을 전달하자.

그 글은 그와 나를 엮어줄 것이며
삶의 의미를 함께 찾아가는
인생친구가 될 것이다.

올바른 자아 이해는 따뜻한 사람으로

열린 마음은 사려 깊은 사람으로

나에 대한 글쓰기는 가치 있는 사람으로 만들어 준다.

나의 성장을 진심으로 바라고

낯선 것을 두려워 말고 열린 마음으로 대하자.

진정한 창조적 자아를 찾아가는 모퉁이에서

우연이든 필연이든 만나야 할 것들이다.

03

물음표(ON)와
느낌표(OFF)

Why 속에서 새로움을 탄생시키다.

우리 눈에 보이지도 않고 찾을 수도 없는
미지의 암흑물질 물음표들이 충돌하고 융합하면
느낌표 은하가 생성되어 창조의 우주가 만들어진다.

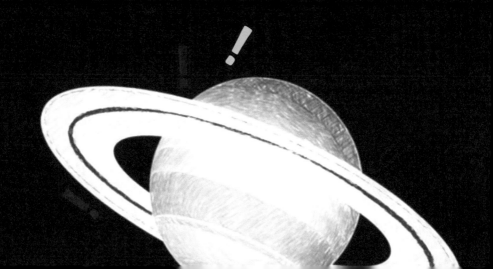

조개에 침입한 불순물인 물음표에 자극을 받아
조개 내부에서 생성된 분비물이 불순액을 에워싸면
느낌표라는 진주가 만들어진다.

조개의 자기 방어와 다른 속성을 가진 물질과의

충돌과 병합으로 진주라는 보석을 얻는다.

우리도 진주와 같은 새로운 보석을 창조하기 위해서

다른 관점을 요하는 '왜?'라는 호기심으로

내 안에 있는 지식 및 정보들을 일깨워 보자.

'왜?'라는 질문은

사물이나 현상의 까닭과 자체의 성질을 탐색하게 한다.

그러나 … 언제부터인지

우리는 물음표를 잊어버리고 살고 있다.

그 이유는

사회적 관습에 고착되고

반복되는 일상의 편리함에 길들여져 있기 때문이다.

어렵게 찾은 물음표에 대해

성급하게 결론을 내리지 말아야 한다.

쉽지는 않겠지만 애매모호함에 대해서

너그러운 마음을 갖는 것이 중요하다.

참을성   다양성   창의성

섣부른 판단을 유보하고

다양한 가능성과 생각을 거듭하는 과정에서

나도 모르게 창의성이라는 진주를 얻게 된다.

물음표를 갖기 위해서는

먼저 관심있는 대상을 선정하고

있는 그대로의 모습을

여러 각도에서, 그러나 깊게 바라보자.

그냥 보았을 때는 무심코 지나쳤으나

오래 깊게 보면 궁금과 의문이 생겨난다.

이것을 제한하지 말고 갈때까지 가 보자.

상상의 문을 미리 닫을 필요 없다.

예로 우리가 자주 사용하는

키보드에 대해서 한번 시비를 걸어 보자.

'키보드가 네모일 필요가 있나?'

'키보드자판 배열을 바꿀 수 있을까?'

'키보드 자판은 왜 블록 튀어나와 있지?'

누구나 한 번쯤은 커피가 담긴 일회용 컵을 들고 가다가
커피가 넘쳐서 속상했던 적이 있을 것이다.

그러나 이러한 현상에 대해서 지나치지 말고,

'왜 커피가 넘치지?'
'어떻게 하면 커피가 넘치지 않게 할 수 있을까?'

질문의 꼬리를 이어나가,
컵에 담긴 액체 양과 걷는 속도를 분석하여
컵의 윗부분을 잡고 가면 낮은 진동수로
커피가 잘 넘치지 않는다는 것을 발견할 수 있다.

이 이야기는

일상에서의 창의적 상상력을 더 높이 평가하는

이그 노벨상(Ig Nobel Prize)의 유체역학 부문에서 선정된 사례이다.

커피가 쏟아지지 않는 방법과 같은

소소한 일에서부터 물음표를 붙이는

마음의 습관을 키워갈 때

우리는 많은 곳에서 느낌표라는 진주를 만나게 될 것이다.

아주 작은 질문부터 시작하자!

우리도 주변 사물에 대해서 질문을 만들어 보자.

면봉, 전기 주전자, 소파에 대한 질문을 마음껏 쏟아내 보자.

면봉

전기 주전자

소파

생각의 끝에는 질문이 자리하고 있고,

질문의 끝에는 다른 사람이 보지 못했던 통찰이 있다.

통찰은 혁신과 창조를 낳는다.

질문을 파고든 사람은
이미 문제의 해답을
반쯤 얻은 것과 같다.

프랜시스 베이컨(Francis bacon)
(1561-1626)

성공한 것보다 불완전하거나 완료하지 못한 것이

기억에 오랫동안 남는 현상을

자이가르닉 효과 (Zeigarnik effect)라고 부른다.

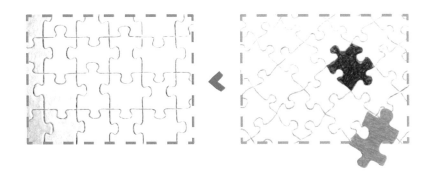

이 현상을 지혜롭게 활용한 인물에는

소크라테스와 스티브 잡스가 있다.

이들은 미완성 상태에서 그치지 않고,

생각의 닻을 올려 항해하였다.

생각의 닻에 해당하는

"왜 이 일을 하고 있는가?"

"진정으로 원하는 것은 무엇인가?"

"어떻게 해야 할까?"와 같은

올바른 질문으로부터

새로운 도약을 준비하는 것이다.

이번에는 '거꾸로 사고'를 통해 궁금증을 해결해 보자.

마지막 문단만 제시된 아래의 글을 채워나가 보자.

나는 오늘도 살금살금 걸을 수밖에 없었다.

질문은 단단한 사유의 힘을 낳는다.

질문하는 사람은 변화를 두려워하지 않고,

더 나은 인생과 세상을 만들어 가는 존재다.

04

빠져듦(ON)과
벗어남(OFF)

작은 순간과 몰입으로 성장한다.

나의 성장과 행복을 위해서

나에게 질문하고 답하자.

내 감정과 생각을 떠올리며

자신을 올바로 이해하고 소중한 것을 찾아가 보자.

먼저, 당신의 행복한
순간은 언제였는가?
행복한 순간들을
회상하여 적어 보자.

당신이 느꼈던 행복한 순간들을 만끽하기 위해서는

가치 있는 성장목표를 찾아야 한다.

성장목표는 내가 좋아하는 것과 잘하는 것이

만나는 교차점으로부터 시작한다.

'좋아하는 것 '과 '잘하는 것 '들을 열거한 후, 성장목표를 적어 보자.

성장목표를 견고하게 만들어 가기 위해서 RCF 규칙을 실천해 보자.

Routine

나만의 루틴을 행하자.

매일 반복적으로 해야 할 것들을 정해서 실행하자.

Challenge

일상 속에서 작은 도전을 하자.

갑자기 거대한 것에 뛰어들어 두려움에 주저앉지 말고,

작은 것부터 하나하나 바꿔 보자.

Flow

플로우* 에 빠져들자.

나의 에너지와 시간을 쏟아붓는 플로우 경험을 통해

선물로 주어지는 작은 성취들을 쌓아 가자.

*내가 어떤 것에 흠뻑 빠져서 시간 가는 줄 몰랐던 경험

과거에 내가 어떤 것에 흠뻑 빠져서

시간 가는 줄 몰랐던 플로우 경험을 분석해 보자.

아래 그림에 제시된 질문에 답해 보고,

다음 페이지 플로우 차트에 표시해 보자.

플로우 경험은 무엇이었나요?

어디서 플로우 경험을 하였나요?

언제 플로우 경험을 하였나요?

얼마나 오랫동안 플로우 경험을 했나요?

플로우 경험할 때 어떤 느낌인가요?

처음 그 일을 할 때, 얼마나 어렵다고 느꼈나요?

1 - 2 - 3 - 4 - 5 - 6 - 7

매우 쉽다 　　　　　　　　　　　　　　　　　　매우 어렵다

처음 그 일을 할 때, 얼마나 잘할 수 있다고 생각했나요?

1 - 2 - 3 - 4 - 5 - 6 - 7

매우 낮다 　　　　　　　　　　　　　　　　　　매우 높다

플로우에 빠졌을 때, 그 일은 얼마나 어렵다고 느꼈나요?

1 - 2 - 3 - 4 - 5 - 6 - 7

매우 쉽다 　　　　　　　　　　　　　　　　　　매우 어렵다

플로우에 빠졌을 때, 그 일을 얼마나 잘할 수 있다고 생각했나요?

1 - 2 - 3 - 4 - 5 - 6 - 7

매우 낮다 　　　　　　　　　　　　　　　　　　매우 높다

★ 답할 때, 다른 사람의 평가가 아니라 본인의 생각을 적는 것이 중요하다.

아래 그래프에서 '난이도'는 본인이 얼마나 어렵다고 느꼈는지를,

'능력'은 본인이 얼마나 잘할 수 있다고 생각했는지를 나타낸다.

앞서 했던 활동을 참고하여,

처음 그 일을 했을 때의 난이도와 능력을 연결하여 빨간색 점으로,

플로우 경험의 난이도와 능력을 연결하여 파란색 점으로 표시해 보자.

플로우 존에 들어간 경우는 언제인가?

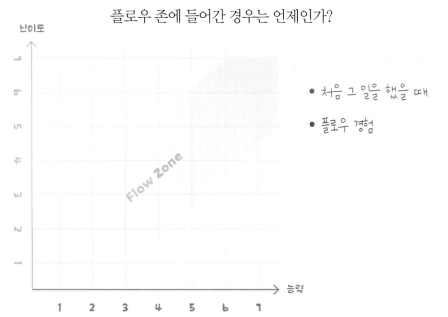

우리가 앞으로 더 자주, 더 수월하게

플로우 경험을 하려면 어떻게 해야 할까?

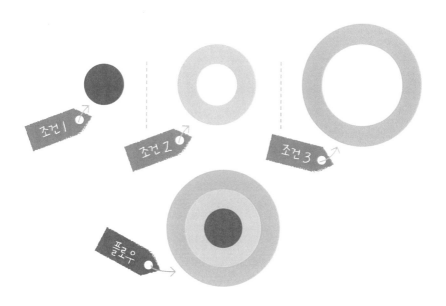

플로우의 선행 조건과

플로우에 빠졌을 때의 상태를 이해하고 연습한다면,

얼마든지 플로우가 충만한 삶을 누릴 수 있다.

조건 1

명확한 목표

플로우의 첫 번째 선행 조건은 명확한 목표이다.

목표는 **SMART** 준거에 따라서 설계할 수 있다.

Specific	Measurable	Achievable	Realistic	Timed
구체적	측정가능한	달성가능한	현실적	기한이 있는

조건 2

난이도와 능력 간의 균형

두 번째 플로우 조건은

과제의 난이도와 나의 능력 간의 균형이다.

만약에 과제의 난이도가 높고,

나의 능력이 낮을 경우에는 불안할 것이다.

반대로 과제가 쉽고 나의 능력이 높을 경우에는 지루할 것이다.

불안을 느낄 때는 나의 능력과 역량을 높이도록 노력하고,
지루함을 느낄 때는 상황을 도전적으로 만들어서
플로우 존에 들어가도록 해야 한다.

난이도와 능력을 조절하여 플로우 존에서 머물도록 노력한다면
행복과 창의성의 향상이 동시에 온다.

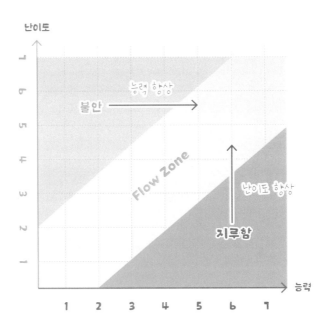

조건3

즉각적인 피드백

마지막 플로우 조건은

과제 수행에 대한 즉각적인 피드백이다.

목표를 성취하기 위한 행동의 수행 정도를

즉시 평가 및 전달하여 보완할 수 있도록 해야 한다.

FLOW

AUTOTELIC

앞에서의 세 가지 조건들이 갖추어지면,

물이 흘러가듯이

자연스럽게 플로우에 빠져들 수 있다.

그렇다면 플로우 경험 이후에는 우리에게 어떤 현상이 나타날까?

온 정신의 집중

인식과 행동 통합

자기 목적성

우리는 플로우 경험 후

세상에 대한 풍부한 호기심,

자신이 세운 목표를 이루어가는 과정에서
열정적인 노력과 동시에 즐기는 자세,

결과에 대해서 외적인 보상보다는
스스로 설정한 목표를 이루어 낸
과정과 성과에 자부심을 갖게 된다.

즉, 자기목적적(autotelic) 특징*을 지닌 사람으로 변화되며
성취하고자 하는 목표에 도전하면 이룰 수 있다는
긍정적인 마인드가 플로우 경험의 깊이를 더한다.

* 의미있는 일에 참여하는 그 자체에 만족감과 즐거움을 느끼는 것

혹시 레오나르도 다빈치(Leonardo da Vinci)의 유일한 완성 작품을 아는가?

바로 〈모나리자(Mona Lisa)〉이다.

왜 다른 작품은 미완성일까?

그는 재미가 없는 것에는 어떠한 보상이 제공되더라도

결코 그림을 완성하지 않았다.

하지만 메모는 다빈치에게 끝까지 재미있었다.

그는 영감이나 아이디어가 떠오르는 것을

모두 기록하여 7,000여 장의 메모를 남겼다.

다빈치는 자신의 재미와 플로우의 순간들을

고스란히 메모로 남겨서

우리들에게 플로우로 충만한 삶의 다양한 모습을 전한다.

플로우는 우리에게 본질적인 즐거움을 선사하기에,

최적의 절정 경험(Optimal peak experience)이라 불린다.

나의 잠재력이 플로우와 만나면,

진지한 기쁨과 경험으로 창조적 재능이 발휘되고

생각하지도 못했던 결과를 맛볼 수 있을 것이다.

누구나 때론 플로우 경험을 하다가

샛길로 빠질 수 있고, 여기저기 헤맬 수 있다.

플로우에 빠지지 못할 때,

의식적으로 자신을 자각하여 다시 플로우 통로로

재진입할 수 있는 그릿(Grit)*이 필요하다.

아울러 플로우에 빠지기 위한 조건들을 찬찬히 되짚어 보자.

"명확한 목표가 있었는가?"

"일의 난이도와 나의 능력이 조화를 이루었는가?"

"피드백을 잘 받고 있는가?"

이러한 훈련으로 나의 플로우의 깊이와 폭은 확장된다.

*목표 달성을 위한 열정과 어려움을 극복하기 위해서 노력하는 끈기

플로우 경험을 함께 할 수 있는 기회를 만들어 보는 것도
플로우 경험에 빠져들게 도와준다.

서로 같은 것에 몰입한 사람들끼리 모여 정보와 경험을 공유함으로써
개인이 경험한 플로우를 넘어서서
구성원들끼리 함께 그룹 플로우를 경험할 수 있다.

혼자가 아닌 그룹 플로우로 만들어진 결과물은
단순 모자이크 조각의 합이 아닌
시너지를 갖는 창조적 산물일 것이다.

플로우 이론의 창시자 칙센트미하이 교수(Mihaly Csikszentmihalyi)는

몰입의 궁극적인 목표가

삶의 순간순간에 몰입하는 마이크로 플로우를 경험하고

이들 경험이 연결되어

본인의 잠재적 능력을 충분히 발휘하고 사는 것이라고 했다.

05

Go(ON)와
Stop(OFF)

Play와 Pause의 반복으로 변화가 일어난다.

시간은 누구에게나 동일하게 주어지고 귀중한 것이다.

그리스 신화에는

크로노스(Chronos)와 카이로스(Kairos)라는 신이 있다.

이 두 신은 서로 다른 시간의 의미를 대표한다.

크로노스는 과거에서 미래로 흐르는 일상적인 시간의 흐름을,

카이로스는 한순간, 지금 바로 이 순간을 뜻하는 시간의 질을 말한다.

여러분의 하루, 일주일, 한 달, 일 년이라는 시간의 흐름과 질은 어떠한가?

지난 한 주 동안의 하루 일과를 아침, 점심, 저녁으로 나누어

무엇을 하며 어떻게 지냈는지 편히 적어 보자.

월	화	수	목	금	토	일

아침 →

점심 →

저녁 →

예) 영드 보기, 화상회의 하기, 엑셀 작업 하기

예상 외로 완전히 일에 몰입한 상태도 아닌,

그렇다고 편한 휴식을 취하고 있는 것도 아닌 어정쩡한 상태가 많지 않은가?

집중의 스위치가 켜진 것도 아니고

꺼진 것도 아닌 상태가 꽤나 지속되고 있다면,

우리의 정신 에너지가 방전되고 고갈될 위험에 처해 있다고 볼 수 있다.

여기서 앞서 말한 크로노스와 카이로스의 시간을 떠올려 보자.

크로노스는 정신의 스위치를 켜고

일을 하면서 지나가는 시간이고,

카이로스는 스위치를 꺼서

잠시 일을 멈추고 자신만이 갖는 '지금 이 순간'이다.

창조적 삶을 위해서는

크로노스와 카이로스 간의 조화로운 리듬을 탈 수 있어야 한다.

일상의 작업과 쉼의 밸런스를 위해

진정한 쉼의 의미를 알아야 한다.

작업은 쉼을 얻기 위한 투자가 아니고,

쉼은 작업을 하기 위한 준비 운동이 아니다.

과연, 좋은 쉼이란 무엇일까?

알렉스 수정 김 방(Alex Soojung-Kim Pang)은 〈일만 하지 않습니다〉에서
이완, 통제, 기량, 거리두기를 쉼의 핵심 요소라고 했다.

Relaxation
몸과 마음의 긴장을 푸는 이완

Control
시간과 에너지를 효율적으로 관리하는 통제

Mastery Experience
자신의 능력을 최대한 발휘하는 기량

Mental Detachment
일을 잊어버릴 정도로 거리두기

쉰다는 사실이 불안한가?

아무것도 하지 않고 있는 것에 죄책감을 느끼는가?

그러나 쉼과 휴식이 가져다주는 엄청난 효과는

이러한 부정적 정서를 사라지게 할 것이다.

뇌과학자 마커스 라이클(Marcus Raichle)은
기능적 자기공명영상(fMRI)으로

일을 하는 집단과 쉬고 있는 집단의
뇌 활동을 분석 및 비교하였다.

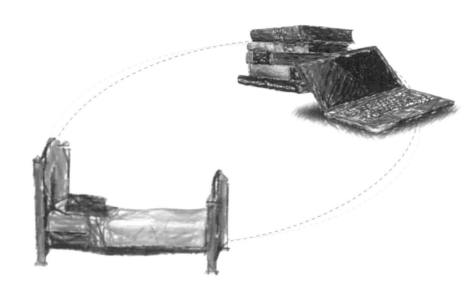

일을 하고 있는 집단이 뇌의 특정 영역만 활성화 된 것에 비해,

쉬고 있는 집단은

디폴드 모드 네트워크(DMN: Default Mode Network)가 작동하여,

뇌의 주요 연결망들이 활성화되었다는 사실을 발견하였다.

즉, 우리가 쉬고 있을 때 우리의 뇌는 여러 가지 영역을 연결하고

조율하는 일을 열심히 하고 있다는 것이다.

창의성이란 정보들의 선형적인 결합에서 나타나는 것이 아닌,

문제해결 공간에 있는 정보들 간의 거리와 위치를

초월하는 조합에서 발생하는데,

이를 위해 쉬는 시간에 활성화된 우리의 DMN은

소위 '열일'한다.

샤워를 할 때나, 버스를 타고 갈 때와 같이

일상에서 떠오르는 통찰의 순간은

바로 우리 뇌 속의 연관성 없어 보이는

정보들이 합쳐지는 순간이다.

다음의 사례는 누구나 한 번쯤 경험해 봤을 듯하다.

"프로젝트 과정 중에 문제가 생겼고, 그 문제를 해결하기 위해서
자료도 찾고, 브레인스토밍도 하고, 동료에게 조언도 구했지만,
좋은 아이디어가 떠오르지 않아서 잠시 잊고 있었는데…."

며칠 후, 산책 중에 갑자기 아이디어가 떠올랐고,
이를 정리하고 적용해 보니 의외의 성과를 올렸던 경우 말이다.

앞의 사례를 왈라스(Wallas)의 창의적 사고 과정을 설명하는

네 단계로 구분하여 알아 보자.

준비(Preparation), 부화(Incubation), 발현(Illumination),

검증(Verification)의 내용이다.

문제에 관련된 정보들을 탐색하는 준비단계,

문제에 대한 생각을 잠시 멈추고 다른 일을 하는 와중에 무의식 속에서

여러 정보들이 교차되고 융합되는 부화단계,

다양한 연결 속에서 '아하!' 하고 깨달음과 통찰이 오는 발현단계,

마지막으로 그 아이디어를 적용하여 검증하는 단계.

창의적 사고 과정은

ON(준비와 검증)과 OFF(부화와 발현)의 결합을 통해서 나온다.

이제부터는 온전한 쉼 누리기를 위한 방법을 소개할 것이다.

첫 번째, 나만의 시간과 공간을 확보하자.

쉼을 위해서는 숨 돌릴 공간과 사색의 시간이 필요하다.

스페인에서는 투우 경기 중 결전의 순간에 소가 잠시 휴식을
취하는 곳을 케렌시아(Querencia)라고 한다.

우리도 중요한 결정의 순간에

우리만의 시간과 공간을 위한 케렌시아를 준비하자.

그리고 이곳에는 내 입가에 미소를 띠울 수 있는 것들로 가득 채우자.

여행 사진, 편지, 좋아하는 필기구, 퍼즐 등 다양할 것이다.

두 번째, 고독과 친구되자.

고독을 두려워하지 말자. 고독은 외로움과는 다른 것이다.

많은 사람과 사물들로부터 받은 자극과 영감들을
고독의 시간과 공간에서 둘러보고 파헤치고 정리하여
나만의 것으로 만들자.

〈콰이어트(Quiet)〉의 저자 수전 케인(Susan Cain)도
고독을 보관할 수 있는 작은 상자와 같은 시간을 마련하여
'회복을 위한 틈새'를 찾자고 하였다.

고독은 나와는 로그인하고
타인과는 잠시 로그아웃 상태를 유지하는 것일 뿐이다.

세 번째는 좀 구체적인 제안이다.

디지털 기기와 거리두기다.

만화가 린다 베리(Linda Barry)는 스마트폰이

우리로부터 고독, 지루함, 불확실성을 빼앗아 간다고 하였다.

앞서 강조한 것처럼 고독, 지루함, 불확실성이야말로

창조적 결과를 얻기 위해 반드시 필요한 것들인데 말이다.

디지털 기기와 거리두기, 이것은 말처럼 쉽지 않다.

그래도 한번 도전해 보자.

먼저 디지털 기기를 보관하는 바구니를 옆에 두자.

처음엔 반나절, 그 다음엔 하루 이상 가능한 시간까지 견뎌 보자.

큰일 날 듯하지만, 의외로 별일 없을 것이다.

혹시 누가 아는가?

전원을 누를 때까지 나를 괴롭혔던 고독, 지루함, 불확실성이

나에게 큰 선물을 할지!

네 번째, 충분한 수면을 취하자.

쉼의 중요한 요소인 수면은
창조성 발휘에 매우 중요하다.

깨어 있을 때 수용되었던 정보들이
수면 상태에서 분류되고 정리된다.

뇌과학자들은 수면 과정에서

수면 초기의 서파수면(Slow wave sleep)* 이

뇌의 서로 다른 영역들을 동기화하고 연결시켜

단기기억이 장기기억으로 넘어갈 수 있게 도와주며,

꿈을 꿀 때의 램수면(Rapid eye movement)** 은

정보와 기억들 간의 독창적인 결합이 이루어지는 단계라는 사실을 밝혔다.

잠은 창의성의 바탕이며 에너지다.

*외부 자극에도 잠을 깨지 않는 수면 상태
**꿈 꾸는 구간으로 뇌 활동이 빨라지는 단계

다섯 번째, 자연을 벗삼아 거닐자.

자연은 우리에게 항상 많은 것을 나누어 주려고 한다.

다만 우리가 받지 못했을 뿐.

하늘에서 떨어져 내 머리 위에 걸터앉은 눈송이에서

생명의 탄생을 느끼거나, 봄철 소쩍새의 울음을 통해 인연을 알게 되거나,

산티아고 순례의 긴 여정에서는

걷는 것만이 삶의 목적이 될 수 있다는 경험을 하기도 한다.

강아지와의 산책에서

벨크로의 아이디어를 얻었다는 유용성은 차치하고,

나를 자연에 맡기고 그 안에서 자유로움을 만끽하다 보면

어느새 아낌없이 주는 자연의 위안으로 영감이 충만해질 것이다.

독일 철학자 발터 벤야민(Walter Benjamin)은 도시를 천천히 산책하면서

그 속에서 일어나는 다양한 현상과 사람들을 관찰하고 경험했다.

그리고 이 과정에서 새로운 통찰과 창조적 과정을 의미하는

플라뇌르(Flaneur)를 즐겨했다고 한다.

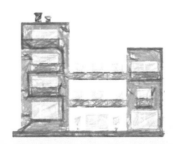

창조적 인물들도 산책을 통해 자연과 함께 어우러지는 시간을 가졌다.

베토벤도 숲속에서, 포근한 노을빛 아래에서, 이른 여명의 시간에
많은 악상을 얻었다고 하였다.

거닐고, 느끼고, 창조하는 것은
자연에서 받는 위로와 함께 우리의 삶에 풍요를 더한다.

심지어 걷다가 길을 헤매고, 지쳐서 쓰러지기도 하고,

늦어서 발을 구르기도 하는 불편한 경험들도 나를 성장시킨다.

그러니

작은 수첩과 필기도구를 가지고 떠나자!

해수면이 높아지면서 들어오는 밀물과

해수면이 낮아지면서 빠지는 썰물처럼

우리의 창조 과정도 순환한다.

밀물처럼 열정을 쏟아붓는 순간과

일과 사람들이 나에게서 빠져나가는 순간이 균형을 이룰 때,

우리의 창조성은 더욱 꽃피운다.

일과 쉼의 경계를 자유롭게 넘나들다가

일이 쉼이 되고 쉼이 일이 되는 순간

나의 창의적 잠재성은 껍질을 벗고 나온다.

06

일상(ON)과
상상(OFF)

소소함 속에서 소중함이 나오다.

하루하루 반복되는 '일상'과

실제 경험하지 않은 것을 떠올리는 '상상'을 했을 때,

여러분은 일상과 상상의 사이의 거리가 멀게 느껴질 것이다.

하지만 일상과 상상의 경계를 자유롭게 넘나들 수 있어야 한다.

현실 같은 가상이나 가상 같은 현실을 추구하며,

평범함에 독특함을 가미할 수 있는 경험을 끌어모아

창조의 텃밭을 풍부하게 하자.

일상에
말을
걸어보자

스위스 언어학자

페르디낭 드 소쉬르(Ferdinand de Saussure)는

이름(시니피앙, signifiant)과

뜻(시니피에, signifie)이 합쳐진 것이 기호라고 하였다.

언어라는 기호에서는

빨갛고 가시가 있는 꽃이라는 뜻(시니피에)에,

장미, rose, reste sig 같은 이름(시니피앙)이

연결되는 것이다.

멈추었던 순간

끌림과 시선

기억의 조각들

우리도 소중하고 좋아하는 것에

시니피앙과 시니피에를 만들어

하나의 존재로 만들어 보자.

평상시에 좋아하는 것이나

잊어버린 것들을 찾아서 이름을 붙여 보자.

이를 통해 의미를 부여하고

새로운 존재를 탄생시켜 즐거움을 추구하자.

시니피에
Signifie

시니피앙 Signifiant

일상에서 벗어나서
주위를 둘러보자.

여행자의 시선으로 일상을 경험하자.

매일 가던 길이 아닌 다른 경로로 집을 가 보자.

낯선 곳에 가면 기존에 느낄 수 없었던 자유로움을 느끼고

가끔씩 엉뚱한 생각과 행동을 용기 있게 하게 된다.

시간이 허락된다면,

내가 주로 생활하는 곳에서 30분 거리의 근교로

작은 여행을 떠나 보자.

나도 모르는 순간 자유로운 상상을 하는

마이크로 모멘트(Micro-moment)가 다가올 것이다.

여기저기서 울려 퍼지는 가능성들이 존재한다.

마치 나비가 이 꽃 저 꽃에서 꿀을 따서 먹는 것처럼,

우리도 다양한 장소에서 새로움을 위한 상상을 발견하자.

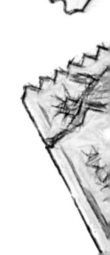

일상의 틀에서 벗어난, 세상을 절묘하게 표현한
초현실주의 작품을 감상해 보자.

뜻밖의 만남으로 구성된 그림을 보면
나의 고정관념에 틈이 생기기 시작한다.
그 작은 틈새에 상상의 닻을 내려 보자.
이러한 체험으로부터 나온
무의식적인 정서와 기억이 서로 결합된 상상은
나의 창조 스펙트럼을 넓히는 밑거름이 된다.

놀이에는 일상과 상상이 공존한다.

모든 것이 허용되는 놀이 속에서는

현실에서 바라던 것을 자유롭게 구현하면서

기쁨을 누릴 수 있다.

안타깝게도 많은 이들이 '놀이'라고 하면,

하고 싶어도 못 하는 것,

시간 낭비하는 것, 유치한 것,

단순한 오락과 같은 것들을 떠올릴 것이다.

그렇다면, 어린 시절에 놀았던 경험은 어땠는가?

대부분 긍정적인 기억과 메시지로 답할 것이다.

이는 아이로서 놀이할 때는 결과보다 과정을 즐겼고,

놀이 그 자체에 푹 빠져들어 즐겼기 때문이지 않을까?

창조적 인물들도 상상 놀이를 즐겼다.

아인슈타인은 머릿속 실험,

셰익스피어는 언어 유희 놀이 …

우리도 어린 아이와 창조적 인물들처럼

나의 일을 놀이로 즐겨 보자.

누군가의 시선을 의식하지 말고 결과가 어떻게 되든

내가 하고 싶은 대로 나의 일을 하면서 놀아볼 수는 없을까?

과거의 놀이는 마음 속으로 되새기면서 만끽할 수 있고,

현재 이 순간에는 놀이에 완전히 참여함으로써 만끽할 수 있다.

미래에 일어날 놀이도 고대하며 만끽할 수 있다.

그래서 놀이가 일이 되고,

일이 놀이가 되는 무한궤도에 올라타라!

07

채움(ON)과

비움(OFF)

더하기와 뺄셈은 영이 아니다.

새로움을 발견하기 위해서는

나만의 생각 저장소를 채우고 비울 수 있어야 한다.

채우기는 다양한 경험을 통해서

차곡차곡 생각 곡식과 도구들을 쌓아 놓는 것이며,

비우기는 곡식들 중에서

어떤 것을 골라서 어떻게 요리할지를 생각해 내는 것이다.

르네상스 전부터 수집가들은 신기한 것들을 한곳에 모으는
분더카머(Wunderkammer), 즉 호기심의 캐비닛(Cabinet of curiosities)
이라고 불리는 것을 가지고 있었다.

수집가들의 호기심과 궁금증을 유발하는 많은 것들이 이곳에 모인다.
소장 가치가 있다고 여기는 획기적인 오브제, 작품, 고전,
박제한 생명체, 실험 도구 등....

우리도 나만의 생각 저장소에 넣을 끌리는 것들을 탐색해 보자.

괴테(Johann Wolfgang von Goethe)가

"우리가 사랑하는 것들이 우리를 만들고 다듬는다."

라고 말한 것처럼,

지금 내 곁에 있는 사람,

자주 가는 곳,

보고 있는 책과 영화,

듣고 있는 자연의 소리 및 음악,

매일 하는 운동과 같은

흥미와 경험에 수반되는 것들을 모으자.

세상의 중심인 당신의 경험들이 연결과 분화를 거듭하면서
만들어진 수많은 텍스트, 그림, 리듬, 향기들 중
나의 내면에서 계속해서 울림을 전해주는 것들을 모아 보자.

당신 호기심 캐비닛에 차곡차곡 채워지는
풍성한 자원들은 창조성의 보고이다.

그러니 생각 저장소에 채울 수 있는 것들은 모조리 기록하자.

그것이 영화나 다큐와 같은 미디어든지, 박물관과 같은 공간이든지,
관찰의 결과가 낳은 생각 자료든지 다 기록하자.

곧 휘발되어 사라질지 모르니 생각날 때마다 바로 적어야 한다.
노벨상 수상자들의 가장 중요한 생각 도구가 다름 아닌 '메모'이다.

단지 필요할 때 찾을 수 있는 곳에다 기록해야 한다.
애써 모아놓고 정작 필요할 때 찾아 헤매지 않도록
핸드폰, 노트북, 상자 등에 분류하고 저장하자.

그리고 필요할 때, 가득 채워진 생각 저장소의 물건들을 펼쳐 보자.

그리고 여러분의 몸과 마음에 울림을 주고 있던 것들을
골라서 열정으로 엮어 보자.

생각 저장소에서 당신의 부름을 기다리고 있던 것들에
새 생명을 불어넣자.

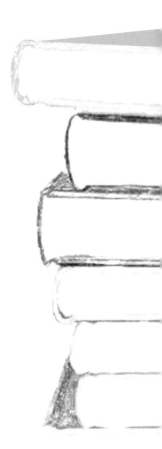

책 읽기도 또 다른 시선과 관점으로 세상을 보고,
우리의 시선을 넓히고 관점을 바꿔줄 수 있는
좋은 창조적 생각 도구이다.

우리 체험의 외면을 넓혀주고
간접 경험도 체화할 수 있도록
도와주는 강력한 조력자이다.

다음은 노벨상 수상자들이 젊은이들에게
제일 하고 싶은 조언이다.

"책을 읽어라!"

스페인의 한 연구에서

"커피 향이 좋다."라는 문구를 읽었을 때는

인간의 뇌 후각 피질 영역이,

"파블로가 공을 찬다."라는 글을 읽었을 때는

운동 피질 영역이 활성화되었다는 사실을 발견했다.

이처럼 우리의 뇌는

직접 체험과 간접 체험에서 활성화되는 뇌의 영역을 구분하지 못하므로

독서를 통해 직접 경험하지 못한 것을 이해하고 습득할 수 있다.

독서는 내가 잠시 고민하던 것과

평생 천착했던 인생의 선배들과 대화의 장을 열어 준다.

실패의 두려움이나 타인을 의식할 필요 없는

무한 상상의 놀이터도 보너스로 마련해 준다.

창조적 삶을 위한 저장소가 가득 채워졌으니,

이제는 비워야 할 차례이다.

이는 비움으로써 새로움을 발견할 수 있고

또 다른 담기를 할 수 있기 때문이다.

발견과 담기 위한 비움.

인간의 뇌에서는 지식의 공백이 생기면

바로 채워 넣고 싶은 욕구가 있기 때문에

그 궁금증을 해결하려고 적극적인 관심을 보인다.

또한 한 번에 여러가지 일들을 처리하는 멀티태스킹은
일의 수행력을 저하시킨다.

전철이나 버스에서 환승이 많아지면 많아질수록
도착지에 도달하는 시간은 늘어나고
에너지는 고갈하게 되는 것처럼,
우리도 마찬가지이다.

따라서 창의적 잠재력을 펼치기 위해서는
진정으로 중요한 것 외에 버릴 수 있는 편집자가 되어야 한다.

마법을 부리기 전에 주문을 외우는 것처럼
지금 생각에서 다음 생각으로 넘어갈 때
틈새 의식을 만들어 보자.

화분에 물 주기, 커피 내리기,
짧은 시 낭독하기,
창문 너머 풍경 바라보기,
눈 감고 주변의 소리에 집중하기 등으로
복잡했던 생각과 생각 사이를 비집고 들어가서
다음 마법을 위한 준비를 하자.

넷플릭스의 콘텐츠 〈설레지 않으면 버려라〉*는
나에게 소중하고 가치 있는 것의 우선순위를 정해
정작 필요하지 않은 것을 과감히 버릴 줄 아는
'복잡함 속의 단순함'의 가치를 말한다.

이는 사실 우리 삶과도 같다.

수많은 것들에 둘러 쌓여 있지만,
그 안에서 나의 중요도에 따른 순서를 배열한 다음
쓸모없는 것들은 제거하여 진솔한 단순함을 추구해야 한다.

*정리 전문가 곤도 마리에(Marie Kondo)가
의뢰인들의 필요하지 않은 물건들을 정리하는 내용

그렉 맥커운(Greg Mckeown)은
수많은 선택지와 기회 중 참되고 본질적인 것에 집중하는 것이
에센셜리즘(Essentialism)이라 하였다.

그리고 에센셜리스트(Essentialist)가 되기 위해서는
극소수의 핵심적인 일들을 찾아내는 평가하기,
무의미한 다수를 없애 버리기,
방해요소 제거하기에 능해야 한다.

이는 마치 계절마다 옷장 정리하는 것,

장기간 여행을 갈 때 최대한 부피를 줄여서 짐을 싸는 것과도 같다.

새로움을 발견하고 핵심적인 것을 찾을 때 활용할 수 있는
두 가지 방법을 소개하겠다.

첫 번째는 PMI 방법이다.
나에게 주어진 다양한 선택지 중에서
나에게 도움이 되거나 긍정적으로 활용할 수 있는 것을 선택하고(P),
반대로 나에게 방해가 되거나 능력을 제한하는 것들은 버리고(M),
괜찮은 아이디어 같지만, 약간 보완해야 하는 것들은
나중을 위해서 찜해 놓자(I).

두 번째는 평가 매트릭스(Evaluation Matrix)이다.

본인이 생각할 때 절대 양보할 수 없는 이유들만 남겨놓고

각각의 이유들에 점수 매기기를 실시한 후,

그중 가장 높은 점수인 것을 실행에 옮긴다.

기준 아이디어	독창성	실용성	현실 가능성	지속성	총점
아이디어 1					
아이디어 2					
아이디어 3					
아이디어 4					

😊 = 3   🙂 = 2   🙁 = 1

창조는
호기심의 곳간을 가득 채우고 채운 것을 비워 가는
뫼비우스의 띠 속에서 일어난다.

08

익숙함(ON)과
낯섦(OFF)

오래됨과 기발함 사이를 잇자.

한 송이 꽃이 만개하기 위해서는

오랜 시간 동안 바위 쪼개짐의 반복을 거쳐 나온,

나뭇잎과 생물들의 잔해가 쌓여 형성된

영양 가득한 토양이 필수적이다.

비옥한 토지, 양분이 풍부한 거름과 같이

오랫동안 묵힌 것들이 있어야 창조의 꽃이 피어 오른다.

그러나 오래됨을 활용해서

향기로운 새로움을 만들기 위해서는

당연하고 익숙한 것에 매몰되지 않도록 노력해야 한다.

아이옝가와 킨더(Iyengar & Kinder)의 연구에서는

사람들에게 어떤 자극을 제시하면

그 자극과 연합되었던 친숙한 정보들이 인출되어

원래의 자극에 대한 해석에 영향을 미치는 현상을

프라이밍 효과(Priming effect)라고 하였다.

예로 케이크하면 시계보다는 먼저 초가 떠오르는 것이다.
이는 내현기억* 속 사물의 연결고리에 함께 걸려 있던 정보들이
동시에 인출되어 나도 모르는 사이 인식에 영향을 주는 것이다.

낯설고 이질적인 것보다
친숙한 짝 정보를 먼저 인출해 내는 머리의 작동원리는
다양한 관점과 생각을 어렵게 한다.

그렇기에 항상 나의 생각이 익숙한 습관에서
나온 것이 아닌가 의심을 해 보고
바른 것이 아닐 수도 있다는 가능성도 열어 놓고
다양한 목소리에도 귀 기울일 필요가 있다.

*무의식적으로 현재 행동과 사고를 하는데 영향을 미치는 과거의 경험 기억

그리고 수많은 세월 속에서 반복되는 과정을 통해 나온
오래됨에서 기발함을 찾으려면 모방이 요구된다.

발달 심리학자 앨리슨 고프닉(Alison Gopnik) 저서
〈우리 아이의 머릿속(The Philosophical Baby)〉에서
랜턴 의식과 스포트라이트 의식을 설명하였다.

아이들은 랜턴에서 빛이 전체적으로 비추어지는 것처럼

세상에 존재하는 모든 것을 놀이로서 탐험하는

사고방식을 가지고 있는 반면에,

성인은 스포트라이트가 빛을 한 곳에 비추는 것처럼

내 앞에 주어진 일에 집중해서

주변에 일어나는 유쾌하고 재미있는 것들을 놓치게 된다는 것이다.

아이들의 놀이는 세상 만물을 모방하는 데서 시작한다.

누군가의 말이나 행동을 흉내내면서 만든 놀이가

소통을 돕고, 감정을 이해하게 되고,

갈등을 해결해 주는 만능 해결사가 되는 것이다.

모방에서 창조가 이루어지는 것이다.

이와 비슷하게 피카소(Pablo Picasso)도

훌륭한 모방거리를 찾고 열심히 따라하고,

그들과 나의 차별점을 찾아내어

나만의 특유한 것을 끄집어내고 극대화하였다.

당신만이 할 수 있는 것들을 끄집어내라.

훌륭한 모방의 사례들에다가 나만의 고유함을 버무려서

자신의 스타일을 만들어 보자.

모방에 나만의 고유성을 넣기 위해서는

빌려오려는 속성들을 의례적인 시선이 아닌

낯선 관점과 의외의 맥락에서 바라보는

데페이즈망(Depaysement)

즉, 낯설게 하기를 시도해야 한다.

원래 존재할 수 없는 곳에 있는 생명,

제자리가 아닌 다른 자리에 있는 사물,

현실에서 일어날 수 없는 사건,

실제 눈으로 볼 수 없는 것을 보이게 하는 형상들로 말이다.

일반적인 것을 뒤집어서 어떻게 표현할 것인지를 고민하다 보면

나도 모르게 머릿속에서

현실을 뛰어넘는 상상을 하고 있을 것이다.

낯설게 하기가 너무 심심하다면 딴지를 걸어 보는 방법도 있다.

낯익은 것에서 살짝 다른 낯섦을 찾아보자.

삐딱한 시선으로 바라보고, 꼬집고, 뒤틀어 보자.

당연한 것을 의심하며 딴지를 걸어 보자.

가령, 케첩은 왜 빨간색이어야만 할까?

빨간색이 아니어도 된다면, 무슨 색이 좋을까?

초록색, 흰색, 심지어 검정색 케첩?

꼬리에 꼬리를 무는 집요한 딴지는

재미를 낳고 곧 기발한 발상으로 확장될 것이다.

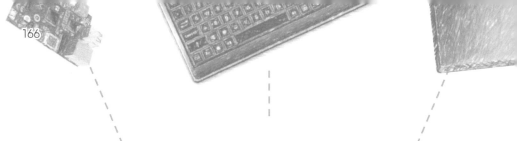

창조를 위해 기존의 전통과 오래된 명작에서 빌려오는

나의 행위가 표절이 되지 않기 위해서는

멀리 떨어진 곳에서 빌려야 한다.

예를 들어, 새로운 앱 개발의 아이디어를

유사한 앱이나 컴퓨터 공학에서가 아닌

요리 분야에서 찾아보는 것과 같다.

서로 어울리지 않아 멀리 떨어져 있는 것들을 섞어 보고 짝지어 보자.

노트북하면 가장 가까이 있는 마우스가 아닌

별 관련 없어 보이는 도토리를 연결하는 것이다.

그 다음 도토리와도 짝이 아닌 것을 연결한다.

"도토리... 열쇠... 꿀벌... 신호등..."

원래 짝이 아니었던 것들을 연결하고,

이들을 강제로 이종 결합시켜

본격적으로 아이디어를 생성할 수 있는 준비를 해 보자.

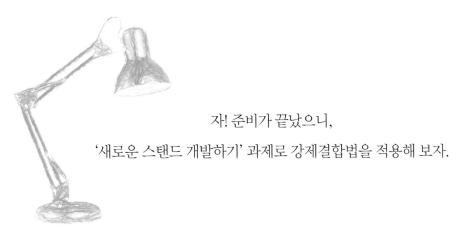

자! 준비가 끝났으니,

'새로운 스탠드 개발하기' 과제로 강제결합법을 적용해 보자.

스탠드와 별 관련없어 보이는 것들을 주변에서 찾아보자.

제시된 과제와 상관없이 책 또는 주변을 보면서

떠오르는 단어를 무작위로 산출한다.

USB

리본

거울

포크

그 다음 그 사물의 특징을 나열해 본다.

만약에 떠오른 물건이 USB라면

'저장한다', '작다', '딱딱하다' 등을 적는 것이다.

마지막으로 새로 개발할 스탠드를

'저장한다', '작다', '딱딱하다'의 속성과

강제로 연결시켜 보자.

간단해 보이지만, 제법 효과가 있다.

또 하나의 조건은 여러 군데에서 빌려야 한다는 것이다.

아인슈타인도 창의성의 비결은 아이디어를 어디서 빌렸는지

아무도 모르게 하는 것이라고 하였다.

사랑 주제의 음악 가사를 쓰는 작사가는

게임 음악, 스포츠 관람, 식물원 방문과 같이

한 곳이 아닌 여러 곳에서 모티브를 찾는다.

그 다음에는 그 생각 재료들의 이면에 감추어진

유사성을 찾아내고 연결하는 것이다.

모든 것이 공유되는 시대,

부모에게 물려받은 유전자와 비슷한 개념으로

문화적으로 생성된 행위나 지식들이 복제되어 공유되는 것을

리처드 도킨스(Clinton Richard Dawkins)는 밈(Meme)이라고 부른다.

그렇다면 지속 가능한 사회를 위해 선한 목적으로

나의 창조적인 과정이나 결과물을 타인과 나눠 보면 어떨까?

공유하는 이유가 무엇인지는 자신만의 선택이다.

먼저 산고를 겪고 나온 창조적 산물을

마음 나누는 사람들과 공유하며 창조적 자신감을 더하자.

그 다음에는 원하는 만큼 그 산물을 소셜 미디어에 공유하자.

좋은 것이든 나쁜 것이든 수많은 댓글이 있을 터인데,

잠시만 괄호 속에 넣어두고

보름쯤 지나서 숨 고르고 살펴보자.

본인의 산물이

누군가에게는 소중한 생각의 마중물이 될 수 있듯이,

타인의 느낌들이 나의 것에 가치와 의미를 더할 수도 있다.

나의 창조적 산물은 많은 선배들의 생각 피라미드에서 기초한 만큼,

나도 그곳에 돌 하나를 얹어서 보은해야 할 시간이다.

실리콘 밸리에서도 나에게 온 감사를

타인에게 오픈 소스 정보와 노하우 공유 등으로 보은하는

나눔의 문화가 있다고 한다.

우리도 빌리고 갚고 또 다시 새로운 것을 빌리고

되돌려주는 순환을 즐기자.

빌렸으면 이제 나누자.

거창하고 위대한 것이 아니라,

일상에서 내가 좋아하고 즐기며 생각했던,

독창적이고 유용한 아이디어들을 …

공유할 아이디어를 곰곰이 생각해 보고,

그것을 어떻게 전할 것인지에 대해서도 계획을 세워서 실천해라.

09

감각(ON)과
무감각(OFF)

감각의 다름을 통해 생각 WI-FI를 수신하자.

감각은 보고, 듣고, 맡고, 맛보고, 만지는
본연의 속성들로 세상의 정보를
맞아들이고 내보내는 소통을 한다.

다섯 가지 감각으로부터 나온 조각 지식을
열린 마음으로 받아들여 재구성하면
사고의 원천이 된다.

감각의 낱정보를 다양하게
자르고, 합치고, 붙이고, 접어 보는 형태의 사고과정으로
가치있고 창의적인 결과물을 만드는 것은
천연의 재료를 뭉치고, 녹이고, 달구고, 다듬는 단계를 통해
신비롭고 아름다운 유리 작품을 제작하는 과정과 비슷하다.

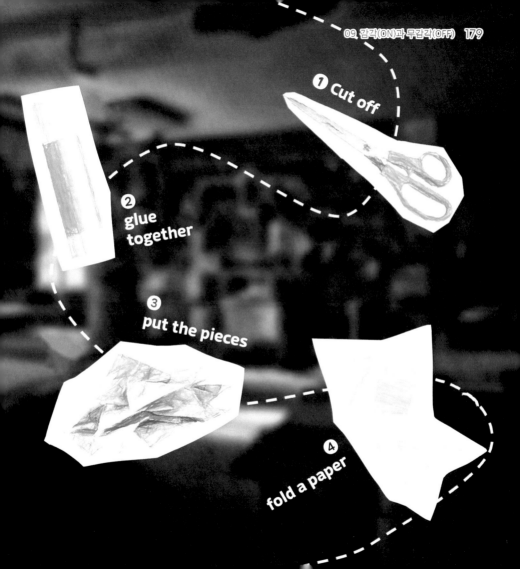

❶ Cut off

❷ glue together

❸ put the pieces

❹ fold a paper

심리학자 조앤 에릭슨(Joan Erickson)이 창조적인 삶에는
정확하고 날카로운 감각이 필요하다고 언급한 것과 같이,
우리의 창조적 성취를 위해서는
깨지기 쉬운 유리처럼 감각을 있는 그대로
사고의 향연에 초대할 수 있어야 한다.

본연의 감각 질료에 숨결을 불어넣어
무한한 가능성과 확장성을 추구해야 한다.

감각 중 가장 많이 사용되는 것은 시각이다.

눈을 통해서 빛, 색, 형태를 인지할 뿐만 아니라

쳐다보는 것만으로도

나머지 후각, 미각, 촉각, 청각을 상상해서 느낄 수 있다.

시각 외에 잠자고 있던 감각을 활짝 열어 보자.

감각의 다름을 느껴라!

주변에 있는 사물 하나를 선택하자.

선택 기준은
평소에 애착이 있었던 것,
거의 사용하지도 않았던 것,
있는지도 몰랐던 것 등이다.
마음이 끌리는 대로 정하면 된다.

느낌이 어떤가요?

어떤 기분이 드나요?

그 다음 시각 외에 다른 감각을 하나씩 차례대로 사용해 보면서

대상을 관찰하는 것이다.

눈을 감고 각 감각에서 파생되는 느낌이나 생각을

자유롭게 기록해도 되고, 다음에 제시된 질문을 이용해도 된다.

소리/냄새/촉감/ 맛이 어떤가요?

어떤 경험이 떠오르나요?

한마디로 표현한다면?

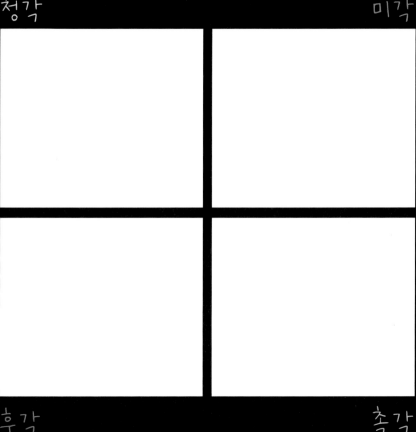

청각

미각

후각

촉각

마지막으로 네 가지 감각에서 나온 재료들을 가지고
어떤 형식이든지 자유롭게 표현해 보자(이야기, 시, 그림, 음악).

오감도는 한 그림에 다섯 가지 감각을 표현하는 것이다.
내 방이라는 스케치북에 오감각으로 그려질 것들에는
무엇이 있는지 살펴보자.

피아노는 청각,

사진이나 엽서는 시각,

초콜릿 조각은 미각,

향초는 후각,

무릎 덮개는 촉각.

이와 같이 찾아보자.

그리고

어떤 감각을 활용하는 물건들이 많은지,

사용하는 빈도수는 어떻게 되는지,

주로 어디에 활용하는지,

느낌은 어떤지를 파악하여

나의 감각의 조화를 이루어 보자.

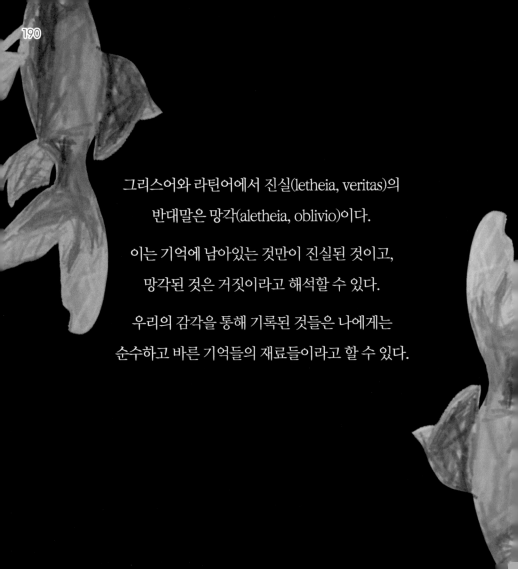

그리스어와 라틴어에서 진실(letheia, veritas)의
반대말은 망각(aletheia, oblivio)이다.

이는 기억에 남아있는 것만이 진실된 것이고,
망각된 것은 거짓이라고 해석할 수 있다.

우리의 감각을 통해 기록된 것들은 나에게는
순수하고 바른 기억들의 재료들이라고 할 수 있다.

후각적 경험에 관한 냄새가 소환되어

변연계에 들어오면

감정과 정서적 기억이 되살아나는 현상을

프루스트 효과(Proust effect)라고 한다.

자주 가던 카페에서 흐르는 커피 향기가

처음 본 사람에게서 풍기면

기억과 감정을 관장하는 변연계를 통해서

낯설기보다는 친밀한 마음과

그곳에서의 추억이 떠오르는 것이라고 할 수 있다.

감각은 창조의 매개체이다.

감각을 통해 전달된 기록은 기억을 불러일으킨다.

감각, 기록 그리고 기억의 반복은

순간에 대한 의미를 추구하는 행위이며,

의미가 끝없이 순환되어 창조성을 향해 나아가는 것이다.

아래와 같이 두 가지 이상의 감각을 조합한 문장들은
형언할 수 없는 경이로운 순간을 느끼게 해주며
상상의 나래에 빠져들게 한다.
뇌리에서 사라지지 않을 만큼
강렬하고 아름답기 때문이다.
우리의 고차원적인 다중 감각을 깨우기 위해서,
오감을 넘나들어 보자.

밝음을 듣고

달콤새콤한 맛을 보고

향기를 만지는

빗소리를 맛보는

시각을 청각으로,

미각을 시각으로,

후각을 촉각으로,

청각을 미각으로 서로 만나게 되면서,

정서의 씨줄과 사고의 날줄이 엇갈리면서 엮여진다.

그리고 기억 도르래로 씨줄과 날줄의 방향을 바꾸거나

이동 및 회전시켜 비정형적인 나만의 창조성을 발휘할 것이다.

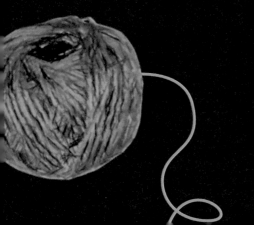

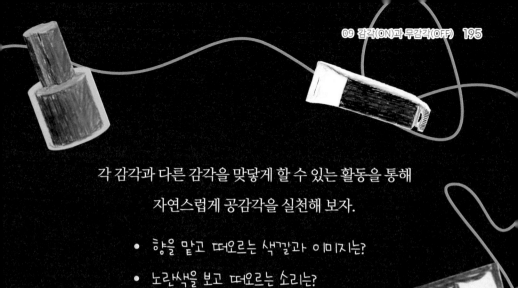

각 감각과 다른 감각을 맞닿게 할 수 있는 활동을 통해

자연스럽게 공감각을 실천해 보자.

- 향을 맡고 떠오르는 색깔과 이미지는?

- 노란색을 보고 떠오르는 소리는?

- 피아노 소리를 듣고 떠오르는 냄새는?

- 마들렌을 먹으면서 떠오르는 촉감은?

- 푹신한 침대에 누우면서 떠오르는 맛은?

프레임에 들어오는 어떤 장소와 인물을 찰나의 순간에 담은
사진 속에서 다섯 가지 감각을 느낄 수 있다.
시공간이 멈추어 있는 사진 속에서
머릿속 상상만으로 공감각을 일깨워 보자.

직접 체험을 통해 감각을 기르는 것도 중요하지만,
직접 보지도, 듣지도, 만지지도 못하는 미지의 사진 속은
감각의 변형과 융합이 일어날 수 있는 최적의 시공간이다.

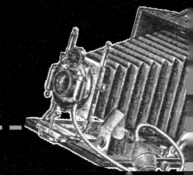

사진 속에 보이는 것을 하나의 감각으로 느끼고

다른 감각으로 자유롭게 표현해 보자.

꽃잎의 촉촉함(촉각)은 눈부신 빛(시각)이다.

바람에 이파리가 부딪히는 소리(청각)는

은은한 연꽃향(후각)을 전해 준다.

10

빠름(ON)과
느림(OFF)

디지털과 아날로그는 한 팀이다.

현재 그리고 미래에는

날로 발전하는 테크놀로지로

인간의 삶과 세상에 많은 변화가 일어날 것이다.

이러한 시대에 살고 있는

여러분에게 필요한 것은 무엇인지

곰곰이 생각해 봐야 한다.

맹목적인 기술 사용보다는

디지털 기술이 지니고 있는 허점과 한계를 고려해 보자.

특히, 코로나19로 온라인 메신저와 화상 회의가 확산되었다.

이들은 윤택하고 효율적인 생활을 하는 데 도움을 주었지만,

그렇지 않은 점도 분명 있을 것이다.

무엇이 있는지를 깊게 생각해 보자.

테크놀로지의 정확한 이해와 함께

우리 삶에 긍정적인 영향을 줄 수 있는 테크놀로지를

의식적으로 선택하고 활용할 수 있어야 한다.

양질의 삶을 확보할 수 있도록 도와주는 기술이 필요하다.

인간만의 고유한 시간을 해치는 테크놀로지가 아닌

참된 의미와 가치를 지원해 주는 역할을 해야 한다.

나의 시간을 알맞게 쓰는 데 도움이 되도록

소프트웨어를 유용하게 활용할 수 있어야 한다.

204

나의 스마트폰에서 사용하는 애플리케이션을 살펴보자.

여기에서 나의 삶과 시간을 유용하게 활용할 수 있는
애플리케이션과 그렇지 않은 것들을 구분해 보자.

그 다음에 나에게 필요한 것인지에 대한 근본적인 물음과 함께

시도 때도 없이 울리는 알림과 플로우에 방해가 되는

애플리케이션은 과감히 삭제하자.

기하급수적 성장을 보이고 있는 디지털 기술에 대해서
수동적인 받아들임이 아니라 능동적인 끌어들임으로
창조적 삶을 빛나게 하자.

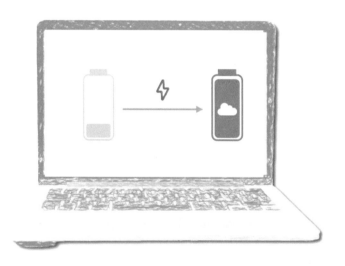

우리 비전과 미션을 디지털 기술들이
지지하고 도와주는 접근으로 바라보아야 한다.

그러려면 인공지능 기술을 적절한 시기에 맞춰

나의 창조적 재능이 성장할 수 있는

알맞은 방법으로 활용할 줄 알아야 한다.

즉, 인공지능과 더불어 함께 살아갈 수 있는 방법을 모색해야 한다.

인간은 인공지능이 해야 할 일은 무엇이며,
어떤 순서로 진행해야 하는지 생각하고 고민해야 한다.

〈와이어드(Wired)〉 편집장 케빈 켈리(Kevin Kelly)가 언급한
"컴퓨터는 답을 주고, 사람이 할 일은 질문하는 일"과
같은 의미이다.

디지털 기술에 매몰되는 것보다는

지속적인 질문을 거치면서 목적성 있게 기술을 활용하는 것이

필요하다고 유발 하라리(Yuval Noah Harari) 또한 주장했다.

최신 기술의 변화에 대한 정확한 이해와 해석을 통해

올바른 실행과 의사결정이 수반되어야 한다.

그리고 인공지능을 활용해 지식과 문화를 큐레이팅 할 수 있다.

범람하는 정보 속에서 인공지능의 강점인
객관적이고 유의미한 데이터를 추출할 수 있는 기술과

인간만이 지니고 있는
정보들 속에 숨겨지고 함축된 패턴이나 의미를
찾아낼 수 있는 능력 간의 협업을 시도해 보자.

작은 협업 실천부터 해 보자.

디지털 기기 전원을 켜서 접속하고,

소프트웨어들 간의 연동과 결합을 하여

여러가지 형태의 것들을 만들어 내자.

디지털 기기를 활용하는 데 있어서
사유 및 사색 등의 오프라인 활동이 같이 겸비되어야 한다.

디지털 기기를 도구로서 유용하게 사용하려면,
그 안에 알찬 내용과 의미, 가치가 함께 곁들여져야 한다.

로버트와 미셸 루트번 스타인(Robert & Michéle Root-Bernstein)의
〈생각의 탄생(Sparks of Genius)〉에서는

획기적인 생각으로 세상을 이롭게 바꾼 인물들이
혁신적인 성과를 내기 위해서 사용한 생각 도구들을 제시하였다.

생각 도구에는 모든 감각을 활용해 제대로 볼 수 있는 관찰,

이미지 표현 및 형상화할 수 있는 시각화,

복잡함 속에서 본질적인 핵심을 찾아내는 추상화,

닮지 않은 것 사이에서 감추어진 닮음을 찾아내는 유추 이외에도

아홉 가지 생각 도구들이 있다.

첨단 기술 시대에 맞게 과거 창조적 인물의 생각 도구를
디지털 기반의 생각 도구(Digital based Thinking Tools)로
업그레이드 해 보자.

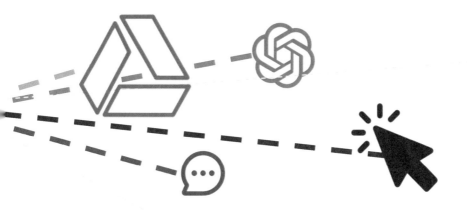

VR(Virtual Reality) 가상 공간에서는
실제 관찰한 것이나 머릿속에 떠오른 것들을
가시적으로 표현할 수 있다.

VR 기술과 기존 생각 도구를 결합해 보는 활동으로
아이디어를 생동감 있고 입체적으로 구체화할 수 있다.

그리고

즉각적인 아이디어 공유 및 피드백을 통해 발전시켜,

실제적이고 가치 있는 산출물로 만들 수 있다.

또한 한눈에 작업하는 과정을

전체적으로 볼 수 있으며,

기록이 되므로 다시 되돌려 봄으로써

사고 과정을 반추할 수 있다.

현재 내가 하고 있는 일에

최신 기술들을 어떻게 적용할 것인지

깊이 있는 고민을 해 보자.

위에서 소개한 것 이외에 나의 아이디어를 디지털 기술과

하나의 끈으로 연결시킬 수 있는 방법을 찾아보자.

현 인공지능의 강점을 접목하여 여러 영역을 넘나들면서

연결할 수 있는 것들을 찾고 결합해 보는 놀이를 통해

혁신을 시도해 보자.

"저에게 생각할 거리와 용기를 주셔서 감사합니다."

참고한 책들

* 가노 미키(2019). 하버드 스탠퍼드 생각수업(이정미역). 삼호미디어.

* 그렉 멕키운(2014). 에센셜리즘. 알에이치코리아.

* 김민희(2021). 이어령, 80년생각. 위즈덤하우스.

* 김정진(2019). 덕후의 탄생: 좋아하는 일로 돈을 버는 8인의 성공기. (주)알피스페이스.

* 데이비드 이글먼, 앤서 니브란튼(2017). 창조하는 뇌. 쌤앤파커스.

* 로버트 루트번스타인, 미셸루트 번스타인(2007). 생각의 탄생(박종송역). 에코의서재.

* 레이첼 오마라(2017). 퍼즈(김윤재역). 다산북스.

* 리처드 도킨스(2018). 이기적 유전자(홍유남, 이상임역). 을유문화사.

* 미하이 칙센트미하이, 크리스틴 웨인코프 듀란소, 필립래터(2019). 달리기, 몰입의즐거움(제효영역). 샘터.

* 바카스샤(2021). 생각을 바꾸는 생각들. INFLUENTIAL.

* 박용후(2018). 관점을 디자인하라. 쌤앤파커스.

* 박종하(2019). 생각실험: 너무나 상식적인 나를 바꾸는 37가지 질문. 와이즈 베리.

* 에이미휘태커(2017). 아트씽킹. 예문아카이브.

* 올가매킹(2020). 생각끄기연습: 아무것도 하지 않는 시간의 힘(이지민역). 다산북스.

* 이남석(2018). 한끗차이, 창의적 문제 해결의 비밀. 홍재.

* 이채훈(2019). 크리에이티브는 단련된다. 더퀘스트.

* 이화선(2020). 지금 시작하는 생각인문학. 비즈니스북스.

* 조슈아울프솅크(2018). 둘의 힘(박중서역). 반비.

* 조용민(2021). 언바운드. INFLUENTIAL.

* 지식채널e 제작팀(2021). EBS 지식채널 e x 생각의 힘. EBS Books.

* 차민주(2021). 덕후와 철학자들. (주)자음과 모음.

* 존피치, 맥스프렌젤, 마리야 스즈키(2020). 이토록 멋진 휴식: 32인의 창의성 대가에게 배우는 10가지 워라벨의 지혜(손현선역). 현대지성.

* 캐롤드웩(2023). 마인드셋(김준수역). 스몰빅라이프.

* 하타무라요타로(2016). 써먹는 실패학(김동호역). 북스힐,

* Alison Gopnik(2010). The Philosophical Baby. Picador USA.

* Austin Kleon (2012). Steal like an artist: 10 things nobody told you about being creative. Workman Publishing Company.
* Austin Kleon (2019). Keep Going: 10 Ways to Stay Creative in Good Times and Bad. Workman Publishing Company.

저자 소개

지은이 **김선진**(creativity.jin@gmail.com / 성균관대학교 초빙교수)

행복한 창의성 여정의 기록자로서, 저는 매일 새로운 가능성을 탐험하는 기쁨을 느끼고 있습니다. 창의성은 특별한 순간에만 나타나는 것이 아니라, 일상 속에서 저와 함께하며 제 삶을 한층 풍요롭게 만들어 줍니다. 작은 것에서 시작해 아이디어로 발전하는 과정을 통해 저는 성장하고, 그 과정 자체를 즐깁니다. 이러한 순간들은 저 자신을 더욱 깊이 이해하게 해주며, 진정한 나를 발견하는 기회가 됩니다.

성균관대학교의 창의적 사고와 창조스쿨프로그램에서 청춘들과 함께하는 시간은 특히 소중한 경험입니다. 다양한 관점들이 하나로 모여 창의적 시너지가 발휘되는 과정을 통해 서로의 아이디어에서 배움을 얻고 있습니다. 이러한 협업은 창의성을 극대화 시킬 뿐 아니라, 개인의 한계를 넘어 새로운 길을 열어줍니다. 저는 창의성이 협업 속에서 더욱 빛난다는 것을 체험하며, 매 순간이 소중한 배움의 자리임을 느끼고 있습니다.

또한, 아이들의 미래를 준비하는 성균관대학교 영재교육원의 부원장으로서, 창의성의 씨앗을 심고 가꾸는 역할에도 깊은 보람을 느끼고 있습니다. 아이들이 자신의 창의적 잠재력을 발견하고 발전시키는 모습을 지켜보는 것은 참으로 감동적이며, 그들을 지원하는 것이 저의 큰 사명이기도 합니다. 저는 창의성이 단순한 아이디어가 아닌, 삶의 방향을 변화시키고 세상을 새롭게 보는 힘이라고 믿습니다. 이렇게 창의성을 제 삶의 중심에 두고, 더욱 아름답고 의미 있는 인생을 만들어 가고자 오늘도 한 걸음씩 나아가고 있습니다.

〈창의성의 시작〉은 창의성의 본질을 탐구하며, 끌림과 설렘을 불러일으키는 다양한 아이디어와 사례를 담고 있습니다. 독자들은 각 페이지마다 창의적 사고의 새로운 가능성에 끌리면서도, 자신만의 독특한 발상을 키워 나가고자 하는 설렘을 느낄 수 있을 것입니다. 이 책이 여러분에게 눈부신 창의성 여정을 시작하는 계기가 되기를 바랍니다.

창의성의 시작

초판발행 2025년 1월 20일

지은이 김선진
펴낸이 노 현

편 집 소다인
기획/마케팅 조정빈
표지디자인 이은지
제 작 고철민·김원표
펴낸곳 ㈜ **피와이메이트**
　　　　　서울특별시 금천구 가산디지털2로 53, 210호(가산동, 한라시그마밸리)
　　　　　등록 2014. 2. 12. 제2018-000080호
전 화 02)733-6771
f a x 02)736-4818
e-mail pys@pybook.co.kr
homepage www.pybook.co.kr
ISBN 979-11-7279-029-5 03370

정 가 22,000원

박영스토리는 박영사와 함께하는 브랜드입니다.